Le saxophone

Quel est ton instrumen
axophone? Tu aim

1840, un Belge, Adc
axophone. Aujourd'
ophones (sopranino, soprano, alto, tenor,
ryton, basse et contrebasse).

préféré	favourite
certainement	certainly
un Belge	Belgian man
aujourd'hui	today
il y a	there are

Le ballon à air chaud

Les inventeurs du ballon à air chaud sont deux frères français, Joseph et Jacques Montgolfier. Le ballon est en soie. Dans le ballon, il y a de l'air chaud. L'air froid est lourd, mais l'air chaud est léger, alors il monte.

le ballon à air chaud	hot-air balloon
en soie	made of silk
lourd	heavy
léger	light
alors il monte	so it rises

Le 12 novembre 1783: François Pilâtre de Rosier fait le premier voyage en ballon à air chaud.

Le 7 janvier 1785: un Français et un Américain traversent la Manche en ballon!

le premier voyage	the first journey
traversent	cross
la Manche	the Channel

Les patins à roulettes

L'inventeur des patins à roulettes est un musicien belge, Joseph Merlin. En 1769, il démontre son invention à un bal en Angleterre... Il y a un petit accident! C'est une invention très populaire: bientôt il y a beaucoup de fanatiques du patin à roulettes!

les patins à roulettes	rollerskates
il démontre	he demonstrates
à un bal	at a ball
bientôt	soon

Les patins à roulettes de Joseph Merlin ont deux roues. Mais en 1863, un Américain, James Plimpton, invente les patins à roulettes à quatre roues. C'est plus facile!

ont deux roues — have two wheels
c'est plus facile — it's easier

Le blue-jean

Le blue-jean est un vêtement très populaire. Mais est-ce un vêtement moderne? Non! Oscar Levi-Strauss invente le jean, en Californie, en 1853! Les chercheurs d'or de Californie ont un travail très dur. Avec de la toile de tente, Oscar fait un pantalon très solide. Au début, les jeans sont marron.

un vêtement	an article of clothing
les chercheurs d'or	the gold-diggers
un travail très dur	a very tough job
de la toile de tente	tent canvas
au début	at first
marron	brown

Bientôt Oscar achète du tissu bleu dans le sud de la France. Le tissu vient de la ville de Nîmes (en anglais, c'est le «denim»). Mais il y a un problème. Les outils sont très lourds et les poches s'arrachent. Alors on invente les rivets en métal!

du tissu bleu	blue fabric
le sud	the south
les outils	the tools
lourds	heavy
les poches	the pockets
s'arrachent	tear

Le sandwich

Une autre invention pratique, c'est le sandwich.
L'inventeur, le comte de Sandwich, est anglais.
Il adore jouer aux cartes (il n'arrête pas - même
pour le déjeuner). Un jour, il a une idée:
pain + viande + pain. C'est le premier sandwich!

Le sandwich est une invention anglaise, mais le sandwich français est délicieux aussi!

une autre	another
le comte de Sandwich	the Earl of Sandwich
il n'arrête pas	he doesn't stop
même pour le déjeuner	even for lunch
un jour	one day
viande	meat

Le Perrier

En 1903, près de Nîmes, un jeune Anglais visite une source. C'est la source d'un médecin français, Louis Perrier. C'est une source d'eau minérale gazeuse. Le jeune Anglais achète la source. Il nomme la source ... Perrier! Il invente aussi la bouteille en forme de poire!

près de	near
une source	spring
un médecin	a doctor
l'eau minérale gazeuse	fizzy mineral water
nomme	names
en forme de poire	pear-shaped

L'espadrille

Voici un autre vêtement populaire – l'espadrille. Elle vient du sud-ouest de la France. Le dessus de la chaussure est en coton et la semelle est en corde. Pratique et pas chère, l'espadrille est la chaussure préférée de Picasso!

du sud-ouest	from the south-west
le dessus de la chaussure	the top of the shoe
la semelle est en corde	the sole is made of rope
pratique	practical
pas chère	cheap

La fermeture éclair

La fermeture éclair, quelle invention pratique! C'est l'idée d'un Américain, W L Judson, en 1906. (Les premiers blue-jeans, de 1853 à 1906, n'ont pas de fermeture éclair, mais des boutons!)

Au début, les fermetures éclair sont en métal, mais aujourd'hui on utilise aussi le plastique.

la fermeture éclair	zip
quelle …!	what a …!
mais des boutons	but buttons instead
au début	at the beginning
on utilise	we use

Le caoutchouc

Au début, le caoutchouc vient du Brésil. C'est un produit très pratique. Pendant des siècles, les scientifiques travaillent le caoutchouc. En 1844, un Américain, Charles Goodyear, a l'idée d'ajouter du soufre au caoutchouc. Comme cela, il est plus résistant. Maintenant, on utilise le caoutchouc pour beaucoup de choses.

le caoutchouc	rubber
un produit	a product
pendant des siècles	for centuries
les scientifiques travaillent	scientists experiment with
ajouter du soufre	adding sulphur

Vive le caoutchouc!

1748: un Français, l'inventeur François Frèsneau, a l'idée d'un manteau couvert de caoutchouc...

... mais en 1823, un Ecossais, Charles MacKintosh invente le coton imperméabilisé - et le manteau imperméable.

1868: Charles Goodyear invente la première paire de chaussures de tennis avec des semelles en caoutchouc.

1891: les frères Michelin inventent le premier pneu de vélo démontable - en caoutchouc, bien sûr!

vive ...!	long live ...!
un manteau	a coat
couvert de	covered with
imperméabilisé	waterproofed
le pneu de vélo	bicycle tyre
démontable	removable

L'autoneige

Voici une autre invention très pratique: l'autoneige. L'inventeur est un jeune Canadien, Armand Bombardier. Armand a quinze ans. Il habite au Québec. En hiver, il y a beaucoup de neige. Il est impossible de sortir en auto!

l'autoneige	snowmobile
en hiver	in the winter
beaucoup de neige	a lot of snow
de sortir en auto	to go out in the car

Armand attache un moteur d'automobile à un traîneau. A l'arrière, il attache une hélice d'avion. Au début, le traîneau à moteur semble bizarre. Mais aujourd'hui, l'autoneige est un véhicule très pratique.

un moteur d'automobile	a car motor
un traîneau	a sleigh
à l'arrière	at the back
une hélice d'avion	an aeroplane propeller
semble bizarre	seems odd

Choisis la bonne phrase pour chaque dessin.

1 a Il y a trois sortes de saxophone.
  b Il y a cinq sortes de saxophone.
  c Il y a sept sortes de saxophone.

2 a Le ballon à air chaud est en coton.
  b Le ballon à air chaud est en soie.
  c Le ballon à air chaud est en plastique.

3 a L'inventeur du sandwich est canadien.
  b L'inventeur du sandwich est français.
  c L'inventeur du sandwich est anglais.

4 a Au début, le caoutchouc vient du Brésil.
  b Au début, le caoutchouc vient d'Angleterre.
  c Au début, le caoutchouc vient d'Ecosse.

5 a Le comte de Sandwich adore jouer au tennis.
  b Le comte de Sandwich adore jouer au football.
  c Le comte de Sandwich adore jouer aux cartes.